Género Ficción realista

Pregunta esencial

¿Cómo ayudan las experiencias compartidas a adaptarse a los cambios?

Cristina salva el parque

Antonieta Villalba Zúñiga
ilustrado por Adolfo Serra

Capítulo 1

El parque del vecindario

Como el parque de mi vecindario está descuidado, he iniciado una campaña para arreglarlo. Estoy buscando la ayuda de mis vecinos para que, entre todos, podemos el césped, pintemos las rejas, sembremos árboles y lo mantengamos muy limpio, porque estoy segura de que la unión hace la fuerza.

Recuerdo que era un lugar muy bonito; allí llegaban pájaros de diferentes especies a comer migajas de pan y semillas que mi familia y yo les dejábamos en comederos. Incluso, les habíamos construido un resguardo para que anidaran cuando llovía o cuando estaban cansados. La fuente tenía pececitos de colores y las mascotas corrían por el césped.

Cada seis meses se realizaban campeonatos en las canchas del parque. Mi favorito era el de béisbol. Participé en algunas ocasiones y en todas me divertí muchísimo.

Una tarde estaba hablando con mi tía Leonor de las maneras en que podríamos salvar el parque. Le dije que podíamos hacer carteles invitando a la gente a unirse a nuestro proyecto.

—Tu idea me parece estupenda. Me encantaría que los árboles volvieran a retoñar y que los animalitos regresaran al lugar.

—¡Yupi! Si funciona todo será como antes —exclamé.

Ese mismo día, mi tía y yo empezamos a hacer las carteleras. Las adornamos con dibujos y con frases para motivar a la gente a participar.

SALVEMOS
EL PARQUE

Cuando mi tía y yo tuvimos suficientes carteles, fuimos a pegarlos en sitios estratégicos del vecindario. Nuestro objetivo era que los vieran todos los vecinos y se animaran a salvar el parque.

En ese momento estábamos tan concentradas en nuestra labor que no imaginamos siquiera que muy pronto nos veríamos involucradas en una divertida aventura.

Aún caminábamos por el vecindario cuando vimos un niño que también fijaba unos carteles que decían: "Busco a mi perrito Vito. Quien me dé información recibirá una fabulosa recompensa".

—¡Aichhh, no! ¿Has perdido a tu perrito? ¿Podemos ayudarte en algo? —le pregunté al niño.

—Hace unos días mi perrito salió de la casa y no ha regresado. Mis papás y yo hemos pegado muchos carteles. ¡Mira qué ojos tan bonitos tiene! Y sus simpáticas manchas... —dijo el niño señalándonos uno de los carteles que había pegado.

—Tienes toda la razón, es un perrito muy agraciado —dijo mi tía.

—Ustedes, ¿qué hacen? —preguntó el niño observando nuestros carteles.

—Estamos haciendo una campaña para renovar el parque —dije—. Por cierto, ella es mi tía Leonor y yo soy Cristina. Y tú, ¿cómo te llamas?

—Soy Alejandro y vivo en la casa de la esquina. La señora que ven en la puerta es mi mamá, se llama Julia —dijo mientras la saludaba.

Alejandro nos contó cómo llegó Vito a su vida. Fue en su tercer cumpleaños. Sus papás llegaron con una caja de regalo diminuta, llena de agujeros. La abrió y, de repente, saltó un pequeño cachorro blanco con manchas oscuras.

Después de escucharlo pegamos unos cuantos carteles más y nos despedimos con la promesa de vernos en otra oportunidad.

Al día siguiente, mi tía y yo estábamos caminando en el parque cuando vimos algo que se movía entre unos matorrales. Me dio mucho miedo. Mis piernas parecían hechas de gelatina. Las dos estábamos observando con atención, cuando algo saltó de los matorrales.

Mi tía Leo dio un grito y yo cerré los ojos con fuerza. Al abrirlos me encontré con una gran sorpresa ¡Era Vito! Estaba sucio, temblaba y se veía un poco asustado, pero no tenía ninguna herida. Lo alcé y lo llevamos a mi casa, confiando en que allí se recuperaría.

Apenas llegamos, mi tía llamó a la mamá de Alejandro y le comentó lo ocurrido. A través del auricular se podían escuchar los gritos de alegría de mi nuevo amigo por la feliz noticia.

Una hora después, Julia, la mamá de Alejandro, y mi nuevo amigo, llegaron por Vito. El perrito empezó a mover su cola de un lado a otro. Estaba feliz por la llegada de sus dueños.

—A mi mamá se le ocurrió una súper idea. Vito podría ser la imagen de la campaña. Saldría en eventos y saludaría a la gente. A él le encanta eso —dijo Alejandro mientras abrazaba fuertemente a Vito.

—¡Ya sé! Podríamos incluir su foto en los carteles y escribir que lo encontramos en el parque —añadió la tía Leo.

Podemos explicar que, al perderse, Vito fue al parque porque allí se siente seguro. ¿Qué les parece? —sugirió la mamá de Alejandro.

—¿En serio? ¡Súper! Será la mascota de la campaña. Va a ser todo un éxito. ¡Es un perrito tan lindo! —dije emocionada por tener el apoyo de más personas y, sobre todo, el de Vito.

Antes de que se lo llevaran, les supliqué que me permitieran bañarlo y darle una sopa calentita.

Cuando llegó a su casa, Alejandro me llamó y me contó que Vito estaba tan cansado que sus ojos se cerraban, aunque intentara mantenerlos abiertos. Lo acostaron en su cama y batió su cola por poco tiempo hasta que el sueño lo venció.

También me dijo que, al día siguiente, cuando el perrito hubiera descansado lo suficiente, su mamá le tomaría unas fotos para que yo pudiera utilizarlas en la campaña. De esta forma se empezó a cocer una gran estrategia.

Así fue. Alejandro y su mamá tomaron las fotografías en el parque, me las enviaron por correo y mi tía y yo las pegamos en los carteles. Después fuimos a los lugares del vecindario que aún no habíamos visitado. Esperamos varios días, nadie ofrecía su ayuda.

Yo estaba triste. Mi tía intentó consolarme diciéndome que tuviera paciencia, que si la gente estaba interesada en el parque tarde o temprano se uniría a mi causa.

Alejandro también me dio ánimo, diciéndome que haber encontrado a Vito en el parque era una buena señal y que seguramente él me daría la suerte que necesitaba. Yo pensaba que todo se desenvolvería más rápido, pero se me ocurrió que las cosas más sorprendentes ocurren cuando menos se esperan.

De hecho, hacía poco había leído un libro que decía que las cosas llegan en momentos inesperados.

Capítulo 2

La primera llamada

Cuando ya no esperaba ninguna llamada, sonó el teléfono. Era un niño interesado en nuestro proyecto. Se llamaba Nicolás y le encantaba salir con su abuelito al parque, pero, desde que estaba tan descuidado, prefería quedarse en casa. Me explicó que había visto los carteles en el vecindario y que le habían llamado la atención la energía y felicidad que reflejaba el perrito en las fotografías. Fue maravilloso recibir esta llamada porque yo estaba a punto de tirar la toalla, es decir, de rendirme.

Le conté lo sucedido con Vito y que esa era la razón por la que se había convertido en la mascota de la campaña. Nicolás me propuso que buscáramos otras estrategias, porque creía que si probábamos muchos métodos, abarcaríamos más frentes. Él es todo un estratega.

Pensamos que sería una excelente idea realizar algunas encuestas entre los habitantes del vecindario, visitar las casas y diseñar folletos informativos.

Nuevamente, le pedimos ayuda a mi tía Leonor y a Julia, la mamá de Alejo, quienes se ofrecieron gustosas a colaborarnos. Yo me encargué de entrevistar a las personas que pasaban por la calle. Nicolás prefirió visitar las casas para hablar con los vecinos del mal estado del parque.

También les preguntaba cómo les gustaría ayudarnos, si regalándonos pintura para los columpios y los rodaderos, comprando algunos arbolitos en el vivero para sembrarlos en el parque o diseñando avisos que promovieran el amor a la naturaleza y el cuidado del parque.

Fue genial entrevistar a la gente porque así nos dimos cuenta de que empezaban a interesarse en la situación del parque. Muchas personas ni siquiera se habían fijado en lo descuidado que estaba. Y otras que se habían mostrado indiferentes al principio comenzaron a darse cuenta de los beneficios que traería a todo el vecindario tener un parque bien bonito.

Para escribir los folletos, investigamos en la biblioteca sobre la historia de nuestro vecindario y descubrimos detalles interesantes. Mi tía Leonor nos acompañó.

—Miren. El parque fue construido a principios de 1990 por uno de los habitantes del vecindario —comentó mi tía mientras señalaba la página de una revista que tenía artículos relacionados con los diferentes vecindarios de la ciudad.

—Encontré que hace diez años alguien realizó una campaña similar a la nuestra. El objetivo era que los padres llevaran a sus hijos al parque por lo menos dos veces a la semana. ¡Qué interesante!, parece que fue todo un éxito —dije emocionada.

—Escuchen, en este periódico hay una noticia sobre el parque. Es de hace cinco años.

—Señora Leonor, ¿podría leer en voz alta de qué se trata? —le suplicó Nicolás señalando un artículo de la revista que tenía mi tía.

Ella empezó a leer: "En este vecindario existe un parque donde la comunidad se reúne. Allí, las personas practican deportes, pasean a sus mascotas y comparten en familia. Aunque hay muchas atracciones, la principal es su jardín, porque ha sido elogiado por su gran belleza y colorido".

—¡Cómo pude haberlo olvidado! Ahora que recuerdo, yo iba a contemplar las flores durante horas —declaró mi tía.

—¿Un jardín? ¡Podemos invitar a las personas a recuperarlo! —exclamé alegremente.

—Aquí hay algo más: "Unos biólogos especializados en flores, que realizaban una travesía por el país, hicieron un estudio y llegaron a la conclusión de que el parque albergaba más variedad de flores que cualquier otro parque de la ciudad" —continuó mi tía.

A Nicolás se le ocurrió sacar fotocopias de aquellas noticias para insertarlas en los folletos. Estábamos seguros de que la gente se motivaría más con nuestros hallazgos.

Detective del lenguaje **¿Por qué la oración subrayada está encerrada entre comillas?**

Los folletos quedaron preciosos. Cuando estuvieron impresos, los repartimos en el vecindario. Alejandro y Vito también se unieron a la repartición. ¡No se imaginan la alegría que causó el perrito entre los vecinos! Cada vez que le entregábamos a alguien un folleto, sacudía alegremente su cola.

A los pocos días de empezar a repartirlos ocurrió algo maravilloso. Nuestras estrategias empezaron a dar resultado porque la gente empezó a llamar por teléfono y llegaron varias donaciones de latas de pintura, brochas, garrafones llenos de semillas para sembrar árboles y flores, cestos para la basura y hasta una podadora de césped. La señora Julia, la mamá de Alejo, nos propuso que conformáramos equipos de trabajo.

Primero, contactamos a todos los que se habían interesado en salvar el parque. Luego, decidimos empezar por una jornada de limpieza. La campaña fue tan exitosa que hasta un canal cultural local quiso cubrir el suceso. ¡No lo podía creer! Salimos en televisión y Vito se veía tan encantador en la pantalla...

Durante la jornada, nuestra mascota fue el centro de atención. Saltaba y ladraba como si supiera lo que estaba ocurriendo. Cada equipo se encargó de una tarea: mientras unos limpiaban, otros cortaban el césped o pulían las rejas. Algunos iban de aquí para allá, pintando las rejas, los columpios y los rodaderos. Otros excavaban hoyos para plantar árboles y unas señoras muy amables sembraban semillas de distintas especies de flores. Alejo, Nicolás y otros niños nos encargamos de pegar letreros sobre la protección del parque y el medioambiente.

—¡Mucha gente nos verá en televisión! Así que... muchos más vendrán a ayudarnos —dijo Alejandro saludando a la cámara.

Aún no se habían acabado las sorpresas. Estábamos trabajando cuando llegó un grupo de teatro callejero. Los actores estaban vestidos con trajes llamativos e improvisaron una corta representación para nosotros y los que pasaban cerca del parque. Esto hizo que mucha más gente se acercara. Los actores hicieron que los transeúntes interactuaran con ellos, haciéndolos hablar, moverse y hasta cantar, lo que resultó muy gracioso.

Al finalizar la jornada, estábamos agotados pero felices. El parque se veía estupendo, y lo mejor de todo fue ver la unión y el interés de los vecinos por recuperar este hermoso lugar. Todos nuestros esfuerzos habían valido la pena.

En la noche, las personas que habían grabado los vídeos para el programa llegaron a mi casa porque querían conocer todos los detalles sobre la campaña.

—¿Cómo se me había ocurrido esta idea? ¿De dónde había salido una mascota tan simpática? —me preguntaban con interés.

Capítulo 3

El parque cobra vida

Cada día, el parque se ponía más y más bonito. Allí me reunía con mis nuevos amigos e íbamos casi todos los días, después del colegio a merendar y a jugar todos juntos. Siempre nos acompañaban nuestros papás, o mi tía Leonor.

A la cita no podía faltar Vito, quien, cada vez que me miraba, empezaba a mover la cola y se abalanzaba sobre mí con mucho entusiasmo. Yo siempre le llevaba una deliciosa y crocante galleta.

Había pasado un mes desde el día en que realizamos la jornada de limpieza. Estábamos jugando al escondite cuando, de repente, Alejandro recordó algo y gritó lo más fuerte que pudo:

—¡Caracoles! Hoy van a presentar nuestro programa en el canal cultural. Empieza en muy poco tiempo, así que no alcanzaremos a llegar a ninguna de las casas para verlo —dijo Alejandro con tristeza.

Esa noticia nos puso muy tristes pero mi tía Leonor intentó animarnos.

—Niños, no estén tristes —nos dijo mi tía—. Lo más valioso es que los habitantes del vecindario se dieron cuenta de la importancia de mantener en buen estado este parque y ahora son mucho más solidarios. Miren el jardín: cada día florece más. Observen a las familias: han regresado y disfrutan de las actividades al aire libre.

—Es cierto, tía, pero habría sido divertido ver el programa, nunca antes habíamos salido en televisión y nos lo vamos a perder —dije con tristeza.

En ese momento se acercó una señora que paseaba a su cachorrito. Nos contó que ella y sus nietos salían casi todos los días al parque y que esta actividad los había unido. Añadió que uno de ellos había hecho un dibujo del lugar y había ganado un concurso de pintura en la escuela.

Eso nos animó mucho más porque, además, algunas personas se acercaron y se tomaron fotos con nosotros para recordar a los líderes de la recuperación de este maravilloso lugar.

Seguíamos jugando en el rodadero y ya nos habíamos olvidado del programa cuando vimos que alguien nos hacía señas con la mano. Mi tía nos dijo que era la directora del canal cultural y que deseaba hablar con nosotros. Corrimos a su encuentro sintiendo curiosidad por lo que aquella señora nos diría.

—Niños, mi nombre es Paola. Ustedes han hecho un magnífico trabajo, han logrado que la comunidad se interese en renovar, cuidar y disfrutar del parque. Seguramente esta iniciativa inspirará a otros niños en otros lugares de la ciudad. Así que les tenemos una gran sorpresa —dijo la directora del programa.

¡Qué gran sorpresa! Paola y su equipo montaron una enorme pantalla en el centro del parque para que todos pudiéramos ver el programa e instalaron faros de colores que iluminaban de una forma muy especial el lugar. Las personas que estaban en el parque se empezaron a acercar y se sentaron sobre la hierba.

Al principio, armamos un gran alboroto porque estábamos muy emocionados y ansiosos por vernos en la pantalla. Fue tanta la bulla, que Paola tuvo que poner orden en el lugar. Nos dijo que si seguíamos así no podríamos disfrutar del espectáculo. Le obedecimos.

Todos estábamos listos y en silencio para ver el programa. El reloj daba la hora señalada. Entonces empezó la cuenta atrás: cinco, cuatro, tres, dos, uno... El programa acerca de la jornada de limpieza y organización de nuestro parque empezaba a proyectarse en la pantalla.

Todos los presentes, inclusive nuestras mascotas, miraban con atención las imágenes. ¡Qué emoción! Uno a uno empezamos a aparecer en la gran pantalla: mi tía Leonor, Nicolás, Alejandro y yo. La estrella fue, por supuesto, Vito. Se robó las miradas de todos.

Mis amigos y yo no lo podíamos creer, habíamos logrado nuestro objetivo: habíamos convencido a los vecinos de la importancia de preservar nuestro parque.

Al finalizar la proyección, Paola pidió un aplauso para nosotros y comunicó a los presentes que mandaría construir un espacio para realizar allí un cine club. Esta noticia tomó a todos por sorpresa. Sin duda, el parque volvería a ser el lugar de encuentro de nuestra comunidad.

Detective del lenguaje

Busca tres adjetivos posesivos en esta página.

Respuesta a la lectura

Resumir

Usa los detalles más importantes de *Cristina salva el parque* para resumir el cuento. Puedes utilizar el organizador gráfico como ayuda.

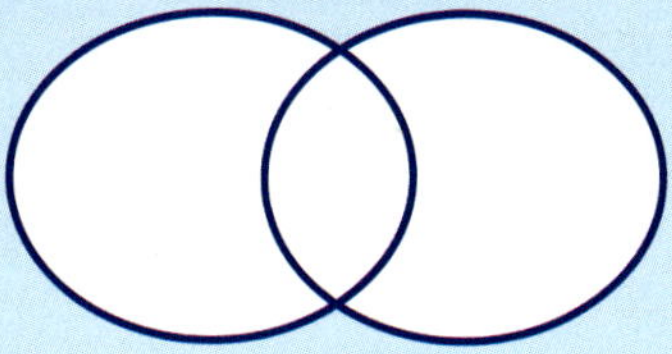

Evidencia en el texto

1. ¿Qué características te indican que el cuento *Cristina salva el parque* es ficción realista? **GÉNERO**

2. ¿En qué se parecen Alejandro y Nicolás? ¿En qué se diferencian? Usa los detalles del texto para comparar y contrastar. **COMPARAR Y CONTRASTAR**

3. En la página 2, ¿cuál es el significado de la frase "la unión hace la fuerza"? **MODISMOS**

4. Escribe sobre el estado del parque antes y después de que Cristina organizara la campaña. **ESCRIBIR SOBRE LA LECTURA**

Género Texto expositivo

Compara los textos

Lee acerca del Cuerpo Civil de Conservación durante la Gran Depresión.

Una oportunidad para trabajar

La Gran Depresión se extendió de 1929 a 1939. En 1933, cerca del 25 por ciento de la mano de obra de Estados Unidos estaba sin trabajo.

En marzo de 1933, el presidente Roosevelt prometió a los estadounidenses un "Nuevo Trato" para recuperarse y mitigar los efectos de la Gran Depresión.

Hoovervilles

A medida que el desempleo crecía, las personas se retrasaban en los pagos de sus hipotecas y alquileres. Muchas perdieron sus hogares y debieron mudarse a ranchos y chozas temporales. Algunas de estas construcciones estaban hechas de cartón y cajas de madera viejas.

Barriadas completas se expandieron. Eran conocidas como Hoovervilles. Fueron llamadas así por el presidente Hoover, quien estaba en el cargo cuando comenzó la Gran Depresión. Los periódicos viejos usados como cobijas se denominaban sábanas Hoover y el cartón que se empleaba para forrar los zapatos rotos con frecuencias era llamado cuero Hoover.

El Cuerpo Civil de Conservación (CCC) se estableció como parte del programa "Nuevo Trato". Tenía dos objetivos: conservar los recursos naturales de Estados Unidos y ofrecer trabajo y entrenamiento a hombres jóvenes, solteros y desempleados.

El CCC envió miles de jóvenes a los bosques y parques nacionales. Ellos vivían y trabajaban juntos en los campamentos CCC. Algunos de esos hombres nunca habían estado en el campo.

Estos jóvenes, conocidos como afiliados, construyeron caminos y puentes nuevos, instalaron líneas telefónicas y plantaron árboles. Levantaron torres contra incendios, construyeron cortafuegos y ayudaron a controlar incendios forestales. Mejoraron arroyos, repoblaron lagos con peces y construyeron pequeños diques para la conservación del agua. Dispusieron áreas para acampar y de excursión e hicieron senderos para caminantes.

Hacia finales de 1935 había 2,650 campamentos de CCC.

Estos miembros del CCC están trabajando en un programa de reforestación.

El CCC dejó de operar en 1942, pero en sus nueve años de actividad tuvo un inmenso efecto en los jóvenes que participaron en el programa. Ellos aprendieron nuevas habilidades, entre ellas, a leer y escribir. Algunos de estos hombres permanecieron en las comunidades en las que habían trabajado, se casaron y se establecieron allí.

Los jóvenes causaron un impacto significativo en las comunidades en las cuales sirvieron, al mejorar las instalaciones locales y llevar dinero a las economías regionales.

El legado del CCC aún se puede observar. Cuando visitas un parque nacional, puedes estar paseando por un camino hecho por los afiliados al CCC, cruzando un puente que ellos construyeron o tal vez comiendo en un área campestre de su creación.

Esta imagen muestra a un equipo del CCC construyendo una caseta de refugio en la Reserva de la Montaña del Sur, Nueva Jersey, en 1935.

Haz conexiones

¿Cómo brindó el CCC una experiencia que ayudó a los jóvenes a adaptarse a la situación económica del país? **PREGUNTA ESENCIAL**

¿Cómo te ayuda la información de *Una oportunidad para trabajar* a entender las acciones de Cristina en *Cristina salva el parque*? **EL TEXTO Y OTROS TEXTOS**

Enfoque: Género

Ficción realista La principal característica de la ficción realista es que narra sucesos que pueden ocurrir en la vida real. Este tipo de relatos transcurren en lugares que pueden existir y sus personajes tienen características reales.

Lee y descubre Vuelve a leer la página 5 de *Cristina salva el parque*, donde Alejandro le cuenta a sus nuevas amigas cómo llegó Vito a su casa y la alegría que sintió. Más adelante, Cristina y su tía se encuentran con el perrito y llaman a Alejo para contarle la feliz noticia.

Tu turno

Piensa en alguna ocasión en la que hayas ayudado a alguien. Escribe un cuento que narre esa experiencia. Después, léeselo a tus compañeros de clase.